Wie man Angst und Angstzustände für immer Überwindet:

Definitiver Leitfaden, um Ihre Ängste zu überwinden und das Leben in vollen Zügen zu genießen

Dr. Lucas Allen

Inhaltsverzeichnis

„ Alles, was der Mensch gewinnt, muss teuer bezahlt werden, sei es auch nur mit der Angst, es zu verlieren."
Friedrich [1]Hebel[2]

---

1. https://proverbia.net/autor/frases-de-friedrich-hebbel

2. https://proverbia.net/autor/frases-de-friedrich-hebbel

Prolog _

Fühlen Sie, dass Angst und Ängste Ihr Leben zerstören? **Wenn** ja, lade ich Sie ein, dieses Buch zu Ende zu lesen, das Ihr erster Schritt ist, um aus Ihrer Angst und Furcht herauszukommen...

Wir haben alle schon immer Angst in geringerem oder größerem Maße gehabt. Auf diese Weise haben die milden oder intensiven Empfindungen dieser Emotion in gewisser Weise einen positiven Effekt, da sie uns eine bessere Leistung in bestimmten Aktivitäten ermöglichen, die aufgrund der Emotion und Aufmerksamkeit, die sie erzeugen, durchgeführt werden. Es ist jedoch zu beachten, dass es, wenn es von leicht bis chronisch außer Kontrolle gerät, zu einer erheblichen Verschlechterung unserer Lebensqualität führen kann, oft mit katastrophalen Folgen... wie Drogenmissbrauch, Medikamente, Ehe-, Arbeits- und sozialen Problemen und als letztem Ausweg; Selbstmord. Und natürlich darf man das große Leid nicht außer Acht lassen, das der Einzelne mit dieser Störung erleidet.

Mein Ziel bei der Verfassung dieses kurzen Buches ist es, das Problem dieser Erkrankung und die Möglichkeiten zu ihrer Überwindung, Kontrolle oder Beseitigung auf eine angenehme Art und Weise darzustellen. Dazu habe ich mich auf meine eigene Erfahrung und die Techniken und Behandlungen gestützt, die ich angewendet habe. Der Leitfaden enthält Beispiele und Übungen, die Ihnen die Verständnis und Verinnerlichung der Hauptkonzepte erleichtern werden. Alle in dem Buch beschriebenen Verfahren haben sich als wirksam gegen Angst und Ängste erwiesen, wenn sie genau wie beschrieben durchgeführt werden... Ich werde Ihnen keine Märchen erzählen und sagen, dass dies reine Magie ist: Nein! Aber wenn Sie jeden Tag Ihren Teil dazu beitragen und genau das tun, was ich hier vorstelle, könnten Sie Ihre Angst oder Furcht kontrollieren oder unglaublich verbessern. Ich lade Sie ein, das Lesen zu genießen; der erste Schritt zu Ihrer Heilung. Vielen Dank.

Anmerkung des Verfassers

Die Informationen und die vorgestellten Techniken sollten ausschließlich als Informationsmaterial für die Person betrachtet werden, die an dieser Störung leidet ... Dieser Leitfaden sollte auch nicht als Ersatz für die Diagnose und Behandlung durch einen Spezialisten angesehen werden.

Ich Einführung

Haben Sie jemals die folgenden Symptome gespürt?

- rasender Herzschlag
- Muskelkater
- Übelkeit in sozialen Situationen
- Unerklärliches Schwitzen
- Schwindel, Schwindel
- Schüttelfrost
- Schade, dass es nicht normal ist
- übermäßige Sorge
- Seltsame, sich wiederholende, überfließende Gedanken
- unbegründete Befürchtungen
- Angst, an einem plötzlichen Herzinfarkt zu sterben
- Sie müssen Dinge überprüfen oder sich zwanghaft die Hände waschen
- Schüttelfrost und Atemnot
- würgend

mehrheitlich mit **Ja** geantwortet haben ; Dieser Leitfaden kann sehr nützlich für Sie sein, abgesehen davon, dass Sie sich selbst wie durch Zauberei heilen, kann er ein Wendepunkt für Ihre Heilung sein, weil Sie gründlicher wissen, wie er funktioniert. Angst und Ängste können sich auf vielfältige Weise äußern. Eine ängstliche Person mit Angst oder Unruhe kann Tachykardie, Angst in sozialen Situationen (umgeben von Menschen), katastrophale Gedanken über die Zukunft empfinden und sogar Orte meiden, die Angst verursachen können.

Einige der häufigsten Symptome dieses Problems sind ständige Stimmungsschwankungen, Zittern, wiederholte Zweifel und Panik. Einige Menschen, die dieses Problem haben, können plötzliche Angstzustände zeigen, wenn sie auf Auslöser wie eine Flugreise, die Dunkelheit oder ein bestimmtes Tier stoßen. Während andere Menschen einfach ständig Angst haben, ohne dass irgendetwas sie anscheinend auslöst.

In dem hektischen Leben, in dem wir derzeit leben, leiden Millionen an dieser Krankheit. Einige Spezialisten behaupten, dass mindestens fünf von zehn Menschen in den kommenden Jahren unter Angstsymptomen leiden oder leiden werden. Während andere von der WHO durchgeführte Studien bestätigen, dass von 3 Männern mindestens 6 Frauen irgendwann in ihrem Leben mittelschwere bis chronische Angstzustände hatten oder haben werden.

Die Folgen des Leidens an dieser generalisierten Störung können vielfältig sein. Hinzu kommt das Unbehagen, das es verursacht . Oft wird dies durch Bilder von Depressionen, Drogenmissbrauch und Alkohol erschwert. Und in anderen hindert es sie daran, eine gute Arbeitsleistung zu erbringen, eine Karriere zu beenden oder die Liebe zu kennen ... Glücklicherweise verfügen Psychiater heute über viele Behandlungen und Techniken, die Menschen helfen könnten, die an diesen Beschwerden leiden.

Dieser Ratgeber versucht auf unterhaltsame und geordnete Weise all dieses bereits erprobte Praxiswissen auf effektive und einfache Weise zusammenzufassen. Es ist ohne Zweifel ein Buch, das in dieser Zeit sehr hilfreich sein könnte, wenn Sie sich in

Angst und Furcht befinden. Ich möchte Ihnen auch nicht sagen, dass Sie es in einer Woche erreichen werden , aber es kann Ihnen sehr helfen, wenn Sie all das hier offenbarte Wissen buchstabengetreu anwenden. Sie fragen sich vielleicht, aber ist es wirklich möglich, Angst und Angst zu überwinden? Nun, ich antworte Ihnen ehrlich mit einem klaren JA ... solange Sie alles tun, was Ihr Spezialist buchstabengetreu empfiehlt und als zweite Option, was ich in diesem Buch aufzeige. Wenn Sie dies tun, werden Sie sich viel besser fühlen und vielleicht sogar heilen. Um nur ein Beispiel zu nennen: Es gibt mehr Chancen, dass Sie, die unter Angst und Angst leiden, innerhalb von Monaten geheilt werden, als eine Person, die an Suchterkrankungen oder psychotischen Symptomen leidet. Wenn es also am Ende erreicht wird, nachdem Sie Ihr Bestes gegeben haben, und Sie sich besser fühlen; Ich kann mit Stolz sagen, dass dieses Buch sein Ziel erreicht hat und es sich gelohnt hat.

Der richtige Weg, um Angst zu überwinden, hat normalerweise acht Phasen, eine Liste, die Sie unten lesen werden :

- Die Störung verstehen, die Angst verursacht
- Informieren Sie sich ausführlich über alle Symptome, unter denen die ängstliche Person leidet (insbesondere diejenigen, die nicht so bekannt sind).
- Identifizieren Sie die spezifische Form, wie es sich in Ihrem Leben präsentiert hat
- Machen Sie eine Analyse und wählen Sie die effektivste Methode, Behandlung oder Techniken aus, um damit umzugehen

- Lernen Sie diese Methode oder Technik
- Wenden Sie sie täglich diszipliniert an
- Werten Sie das Ergebnis aus
- Und wenn es funktioniert, behalten Sie die Stabilität bei

Angst - Die Störung verstehen

Angst ist eine völlig normale Emotion bei Menschen, und ihre primäre Funktion ist das Überleben. Alle Lebewesen, einschließlich Tiere, benötigen ein Überwachungssystem, um zu überleben, und diese normale Angst erfüllt diese Rolle in bestimmten Situationen. Es ist normal, dass wir Angst haben, wenn eine echte Gefahr auftaucht. Unser Körper ist sogar darauf ausgelegt, es unter bestimmten Umständen zu spüren, offensichtlich um tödliche Schäden zu vermeiden. Zum Beispiel eine stark befahrene Straße überqueren, nachts an einem gefährlichen Ort spazieren gehen oder in den Wald gehen usw. Es wäre dumm, in Situationen auf Leben und Tod keine Angst zu empfinden.

Manchmal kommt es jedoch vor, dass all diese unglaublichen Katastrophenschutzmechanismen nicht so funktionieren, wie man es gerne hätte, und im Falle einer Gefahr Fehlalarme auslösen. An dieser Stelle kommen wir zu dem, was eine Angststörung ist. Diese Art von Störung wird identifiziert, weil sie die Hauptelemente sind, die ständiges menschliches Leiden verursachen. In der Psychologie nennt man das Krankheitsbild:

Die wichtigsten Störungen, die von Angst herrühren, sind:

- Panikstörungen
- Phobien
- Zwangsstörung auch bekannt als OCD
- chronischer Stress

- Ängste
- Chronisch generalisierte Angst

Es sollte beachtet werden, dass die Angstsymptome auch direkt oder indirekt durch bestimmte Umstände verursacht werden können: wie eine Krankheit oder der Konsum von Drogen wie Methamphetamin, Kokain , Marihuana oder Diätgetränken sowie der Konsum bestimmter Drogen, Medikamente Hormone usw.

Werfen wir einen genaueren Blick auf jede der unten aufgeführten Störungen, die von der Angst herrühren:

Panikstörung:
— "Ich habe das Gefühl, einen Herzinfarkt zu bekommen, und ich glaube, ich werde sterben." Monica ist eine junge Grundschullehrerin, die seit einem Jahr unter Angstattacken leidet. Als er das erste Mal einen Anfall hatte, ging er in die Notaufnahme, weil er dachte, er hätte einen Herzinfarkt. Sie hätte nie gedacht, dass sie Angst hatte, geschweige denn, dass die Ärzte ihrer vermeintlichen Dringlichkeit so wenig Bedeutung beimessen würden. Sie sagten ihr nur: „Du hast Angst", und sie verschrieben ihr eine Pille, ein Medikament, das ihre Symptome zunächst beseitigte und sie ein wenig sediert und schläfrig machte, aber nach ein paar Wochen merkte sie, dass das Monster immer noch da war. ..

Ich war mir immer seiner Herzfrequenz bewusst, wenn er raste. Obwohl Monica, bevor sie Sportlerin wurde, nach und nach mit dem Laufen aufhörte, weil sie Angst hatte, dass ihr Herz schnell schlagen würde, und es ihr unmöglich war, es nicht

:u bemerken... Sie begann auch, sich nach und nach von ihrem Partner zu distanzieren wegen der Angst, Geschlechtsverkehr zu haben, das gleiche, wegen des Schreckens, den ihm das Sterben an einem Herzstillstand verursachte, weil er den beschleunigten Herzschlag spürte, der bei körperlicher Aktivität normal ist ...

Eine Panikstörung wird durch die intensive Angst gekennzeichnet, an bestimmten Orten oder zu bestimmten Zeiten die gesamte Symptomkette erneut zu erleben. Eine Panikattacke ist eine intensive Angst, die normalerweise plötzlich auftritt und ihre maximale Intensität in ein paar Minuten erreicht, wobei ein Maximum von zwölf aufrechterhalten wird. Um es als Panikattacke zu bezeichnen, muss es von mindestens 3 der folgenden Elemente begleitet sein:

- Unruhe und Angst
- Tachykardien im Bereich von 100 bis 165 Schlägen pro Minute
- Erstickungsgefühl (Gefühl, nicht atmen zu können)
- Unkonzentrierte Engegefühl in der Brust
- Ein Erstickungsgefühl, Unfähigkeit, Speichel zu schlucken
- Magenverstimmung, Durchfall
- Schwindel
- Unwirklichkeit: das Gefühl, dass Sie alles auf unwirkliche Weise sehen, als ob Sie es träumen würden
- Depersonalisierung: das Gefühl haben, nicht drinnen zu sein des Körpers, als ob Sie schweben würden
- Fast unkontrollierbare Angst und Angst, verrückt zu werden, besonders nachts
- Angst vor dem Sterben und dass fremde Menschen

> dich in deiner Nacktheit im Leichenschauhaus beobachten
- Taubheitsgefühl im Kiefer oder Kribbeln in Händen und Füßen
- Frösteln und unkontrollierbares Zittern

Panikstörung wird von Fachleuten als Angst vor der Angst oder Angstphobie definiert. Im Wesentlichen hat die Person, die darunter leidet, Angst, dass sich einfache harmlose Symptome als potenziell tödliches Zeichen manifestieren, und indem sie dies denken und fühlen, erzeugen sie eine Angst, die überläuft und all die Bilder erzeugt, die bereits bei Monica beschrieben wurden.

Denken Sie also an das Stadium einer Panikattacke, die Empfindung ist nur ein Beispiel, konzentrieren Sie sich auf die Interpretation, die immer der Hauptpunkt ist, weil alles ausgelöst wird:

<u>Sensation ängstliche Deutung</u>

D scharfer Geruch In Er Brust	ICH STERBE HILFE
Schmerzen oder Beschwerden In Er Brust	ICH KÖNNTE STERBEN, ICH WERDE KEINEN HERZINFALL HABEN
fast unmerkliche Schmerzen im Brustbereich _	WAS IST, WENN ICH EINEN HERZANGRIFF HABE?
Brust unterdrückt	Ich fürchte, es könnte ein Atemzug sein ... ICH HABE ANGST VOR OPERATIONEN

Dies sind normalerweise die wichtigsten, aber sie neigen auch dazu, Schwindel als Zeichen dafür zu interpretieren, dass sie einen Schlaganfall erlitten haben, und es ist nur eine Frage der Zeit, bis sie ohnmächtig werden und bewusstlos werden, und offensichtlich kommt der Schwindel von Hyperventilation. Krisen oder Panikattacken sind in der Regel ein sehr schwer zu bewältigendes Problem, da sie Sie aufgrund der ständigen Angst daran hindern, das Leben zu genießen, was Sie an die Angst kettet, dass sie an den am wenigsten erwarteten Orten auftreten. Und die Angst, für verrückt erklärt zu werden.

Agoraphobie:
Pepe-Fall

— „Ich will nicht auf Jobsuche gehen, ich habe das Gefühl, gleich in Ohnmacht zu fallen." Pepe bekam vor zwei Jahren Panikattacken... am Anfang war sein größter Schrecken, wegen Schwindel zu stürzen und zu verbluten. Als sie stärker und regelmäßiger wurden, erkannte er, dass es bestimmte Orte gab, an denen das Monster entfesselt wurde. Und diese Orte waren dort, wo sich viele Menschen an Orten wie Kaufhäusern, Kinos, Schulen usw. aufhielten. Anfangs versuchte er, Stunden mit vielen Menschen zu vermeiden, weil er so ruhiger war ... dann eskalierte die Unordnung so weit, dass er solche Orte nicht mehr alleine aufsuchen konnte . Diese Störung betraf ihn so sehr, dass er seinen Job als Lehrer an einer Universität verlor, aus Angst, in großen Gruppen zu sprechen und zu sagen, was sie sagen würden. So einfach wie sich im Bus fortzubewegen, es war ihm unmöglich, weil er jedes Mal, wenn er ausstieg, Angst hatte, dass sie ihn ansehen würden, weil seine Hose hinten passte, oder sie ihn im Profil ansehen würden, besonders die Mädchen. Leider kann es passieren, dass wir Angst radikal „lösen" und die Stellen meiden, an denen wir die Krise bekommen. Das Schlimme daran ist, dass diese Vermeidung andere Probleme auslösen kann, bis eine Störung namens chronische Agoraphobie erreicht wird.

Menschen mit dieser Störung neigen dazu, viele Situationen zu vermeiden, von den bereits erwähnten bis hin zum Undenkbaren. Zum Beispiel nach Arbeit suchen, durch Höhen gehen, in Aufzüge gehen, in Flugzeugen, Lastwagen reisen usw. Für Agoraphobie Jede dieser Situationen ist vor ihrer Wahrnehmung eine lebens- oder todesbedrohliche Situation.

Es sollte beachtet werden, dass Agoraphobie nicht immer direkt mit einer Panikattackenstörung zusammenhängt. Was diese Störung an sich aufrechterhält, ist die Vermeidung von Orten, die Angst verursachen. Folglich werden Angstkrisen verursacht, wenn man an solche Orte geht ... Was passiert, ist, dass an diesen bestimmten Orten günstige Umstände dafür herrschen, dass die Kette von Symptomen beginnt, die die Panik, die Nervenkrise usw. auslösen. Alle Symptome sind harmlos, aber im Kopf der betreffenden Person findet die katastrophale Deutung statt. Daher ist es kontraproduktiv, diese Orte zu meiden, da Sie sich so sehr in Ihren Sicherheitskreis einmischen, dass Sie sich von vielen Dingen, die Ihnen früher Spaß gemacht haben, vollständig isolieren. Es ist traurig, aber in vielen Fällen endet ihr Leben aus Angst vor dieser Störung, ohne es genossen zu haben.

Sozial-Phobie:

— „Ich kann mir nur Jobs suchen, wo ich alleine sein kann oder wo es keine Frauen gibt." Manuel.

Es gibt viele wie ihn... Es gibt Menschen, die Monate damit verbringen, ihr Zuhause nicht zu verlassen, andere, die eine schreckliche Angst haben, nur mit dem Bus in die Innenstadt zu fahren, aus Angst, angeschaut zu werden... andere haben Angst vor Situationen oder Jobs, wo Sie haben Kontakt zu Menschen. Sie hassen es, in Gruppen zu arbeiten, weil sie sagen, was sie sagen, und wenn sie bei der Arbeit einen Fehler machen, leiden sie sehr darunter, so darauf hingewiesen zu werden, dass viele tagelang deprimiert sind, wenn sie nur auf einen Fehler hinweisen. .. Die Person mit sozialer Phobie ist Ihrer Meinung nach sehr hart zu sich selbst. Wiederholen Sie die gleiche Szene immer und immer wieder. Wenn sie zum Beispiel jemand öffentlich wegen eines Fehlers korrigiert, übertreiben sie es tausendfach in Gedanken, Selbstgeißelung. Die Person mit sozialer Phobie hat keine Angst vor der Person selbst, aber vor Urteilen, was sie sagen, Kritik, Blicken... Meinungen über seine Person, seine Kleidung, seine Sprache, seine Gedanken... deshalb sind sie es normalerweise schweigen, wenn sie auf jeden Fall funktionieren. Es ist eine der Störungen, die in Unternehmen am wenigsten berücksichtigt wird. Ohne sich vorzustellen, dass viele der weltweiten Kündigungen in den ersten Wochen auf soziale Phobien zurückzuführen sind.

Diese Störung ist im Wesentlichen eine Angststörung, die von den meisten unbemerkt bleibt. Auch für die Person, die oft darunter leidet. Normalerweise neigt der Sozialphobiker dazu, seinem Charakter und der sehr stressigen Situation, in der er lebt, die Schuld zu geben. Deshalb werden viele soziale Phobien die Liebe nie kennen... sie fürchten eine Kritik an einem Nein. Zum Beispiel ist es undenkbar, dass ein Typ ein Mädchen anmacht. Wir müssen ganz klar sagen, dass Schüchternheit nicht dasselbe ist wie eine soziale Phobie. Obwohl die schüchterne Person Angst haben kann, schränkt sie sie nicht zu Hause oder in allgemeinen Situationen ein. Mit anderen Worten, es macht es nicht ungültig, Ihr normales Leben zu sein. Eine Person mit einer Phobie kann aufgrund ihres einfachen Zustands wirtschaftliche und Liebeskrisen erleiden. Ich kenne Menschen, die bis zu 10 Jahre arbeitslos waren, weil sie Angst vor solchen Situationen hatten.

Der schüchterne Mensch entmündigt seine Persönlichkeit nicht. Es ist nicht so offen, aber es hindert Sie auch nicht daran, in Arbeitsbereichen aufzutreten. Vielleicht suchen Sie keine öffentlichen Jobs wie: Bars, Restaurants, aber Sie machen sich gut in Büros, Fabriken usw. Auf der anderen Seite ist für die Person, die unter sozialer Phobie leidet, alles sehr kompliziert, auch wenn nur wenige Menschen anwesend sind, wie z. B.: eine Freundin suchen, Gespräche in Gruppen, in der Öffentlichkeit essen, sich in verbalen Situationen verteidigen, die Stimme erheben , Arbeitssuche usw. Diese einfachen Situationen, die für die meisten Menschen normal sind, sind die Hölle, da sie sie verursachen, wenn sie ausgesetzt sind: Kolitis, Durchfall, Kopfschmerzen, Muskelschmerzen, Mundtrockenheit, Herzklopfen... Und sie enden, sobald sie in ihre Blase zurückkehren. Sicherheit (Komfortzone). Menschen mit Phobien haben häufig Angst, dass andere Menschen von ihrem Problem erfahren. Deshalb versuchen sie, nicht zu schwitzen, rot zu werden oder zu zittern, um weitere Unsicherheiten und Scham in ihrer Wahrnehmung zu vermeiden.

Tatsächlich traf ich eine Person, deren Namen ich aus Respekt weglasse, die einen postgradualen Abschluss in Betriebswirtschaftslehre hatte, sich aber aufgrund einer Sozialphobie entschied, einen Nachtjob als Wächter in einem Pantheon anzunehmen. Der größte Traum, den ich mir erzählt hatte; allein einen Job in einem Leuchtturm auf See zu finden... das war sein größter Traum. Es ist nicht ungewöhnlich, dass soziale Phobien unter Panikattacken leiden, obwohl dies keine allgemeine Regel ist. Die Lösung, die die meisten wählen, um diesen intensiven Beschwerden zu entgehen, sind drei Optionen: Flucht aus diesen Szenarien, Vermeidung oder Verbergung, auch wenn dies alle bereits im Geheimen beschriebenen Symptome mit sich bringt. Leider greifen viele dieser Menschen zur Kontrolle ihrer Symptome zu Medikamenten, Beruhigungsmitteln oder Substanzen, um in sozialen Kontexten ruhig zu bleiben.

Spezifische Phobien:

Sie zeichnen sich durch unlogische und übertriebene Ängste in bestimmten Situationen aus (ich unterstreiche das Unlogische und Übertriebene), bevor sie gefürchteten Umgebungen oder Kontexten ausgesetzt werden. Es gibt verschiedene Arten von Phobien:

- **Das Umfeld:** meist Höhenangst, Meer, Flüsse, Strom, Regen alles was in der Natur unbelebt vorkommt.
- **Tier** : Dies sind normalerweise übermäßige Ängste vor bestimmten Tieren, Insekten, Spinnentieren, Vögeln usw.
- **Zum Blut:** Angst vor Ansteckung mit allen möglichen Krankheitserregern und Viren wie: HIV, Hepatitis, Tripper etc.
- **Situationen des täglichen Lebens:** Angst vor dem Autofahren aufgrund eines Unfalls, vor einer Reise aus Angst vor Unfällen usw.

Es ist bewiesen, dass die Person ohne einen richtigen Ratgeber zur Bewältigung dieser Art von Angst auf lange Sicht eine chronisch degenerative Krankheit organischen Typs bekommen könnte.

Zwangsstörung :

Das Besondere an dieser von generalisierter Angst herrührenden Störung ist gerade die Besessenheit von einer bestimmten Sache oder Situation. Obsessionen sind jene Gedanken oder Bilder, die plötzlich außerhalb von uns auftauchen. Und normalerweise sind sie fast unkontrollierbar und unfreiwillig. Es ist normal, dass diejenigen, die nicht darunter leiden, nicht die geringste Ahnung von der empfundenen Angst haben und sich daher für verrückt halten. Es gibt zum Beispiel Menschen, die Gedanken in Form von Bildern haben, in denen sie sehen, wie sie ihre Frau oder ein Familienmitglied ermorden, und befürchten, dass sie in einem bestimmten Moment die Kontrolle über die Realität verlieren. Die meisten stimmen darin überein, dass je mehr sie darum kämpfen, diese Gedanken loszuwerden; stärker werden sie. Manche rennen mit aller Kraft die Straße hinunter, andere schütteln den Kopf, um diese Gedanken loszuwerden, andere kratzen sich und manche beißen sich und machen kleine Schnittwunden. Es gibt verschiedene Arten von Obsessionen, die in mehrere Kategorien unterteilt sind, wie zum Beispiel:

- **Das Aggressive:** Angst, ein Verbrechen zu begehen, wenn diese Bilder und Gedanken in den Sinn kommen. Sie werden schlimmer, wenn Sie einen geliebten Menschen vor sich haben. Angst, gegen Gott zu lästern und schlechte Worte zu sagen, Angst, Selbstmord zu begehen. Usw.

- **Oder von Schmutz besessen werden:** übertriebene Sorge aus Angst, sich Viren, Bakterien oder Schadstoffe einzufangen. Angst vor einer Geschlechtskrankheit. Hinzu kommt, dass viele, die unter diesen Phobien leiden, ihr ganzes Leben lang keinen Sex haben oder gar eine Umarmung geben.

- **Sexuelle Obsessionen:** Extreme Angst vor Sex oder krankhafte Fixierungen auf das andere Geschlecht. Angst, homosexuell oder pädophil zu werden. Flut atypischer und seltsamer sexueller Gedanken. Sexuelle Verzerrung. Wiederkehrende Gedanken um ihn herum. Usw.

- Eine andere Art von Angst, die auftritt, ist gemischt; wie die Angst, eines Tages aufzuwachen und nicht sprechen zu können, erinnere dich, oder du denkst, du bist verrückt geworden, und du nimmst eine Summe wie 2 plus 2 heraus, um zu sehen, ob es Sinn macht, und überprüfst mit dir selbst, ob du wirklich gegangen bist verrückt. Besessenheit von Perfektion. Usw.

Posttraumatische Belastungsstörung:

Jeder muss irgendwann im Leben ein tragisches Ereignis durchmachen; vor Unfällen, Vergewaltigungen, Entführungen und Grausamkeiten anderer Menschen. Unter einigen anderen unangenehmen Situationen, die Sie sich vorstellen können. Wenn wir zwischen Leben und Tod waren oder in extrem schockierende negative Situationen verwickelt waren, spricht man von posttraumatischem Stress. Es besteht im Wesentlichen darin, ein solches Ereignis in Form von sich wiederholenden Albträumen, nächtlichen oder Tageserinnerungen, indirekt oder direkt durch Gedankenassoziation, erneut zu erleben. Jede Idee oder Sache, die uns an eine solche Situation erinnert, neigt dazu, einen veränderten Geisteszustand und offensichtlich Angst auszulösen. Zum Beispiel durch eine bestimmte Straße zu gehen, die uns daran erinnert, wo ein Verwandter ermordet wurde. Menschen, die diesen Zustand erleben, neigen dazu, alles zu vermeiden, was diese Ereignisse hervorruft. Deshalb tun sie alles, um nicht darüber zu sprechen oder zu denken, und vermeiden alle Kontakte und Aktivitäten oder Arbeiten, die schlechte Erinnerungen wecken könnten. Ein großer Prozentsatz der Menschen mit ausgeprägter PTBS leidet an einer mittelschweren bis schweren Depression. Und in vielen Fällen können diejenigen, die keine Behandlung erhalten, ihr Leben beenden. Diese Störung kann Wochen, Monate und sogar Jahre andauern.

Generalisierte Angst:

Die berühmte generalisierte Angst ist diejenige, die sich nicht auf einen Kontext oder ein Szenario konzentriert, das wir oben erwähnt haben. So werden beispielsweise bei Panikstörungen wiederkehrende Krisen und Situationen gefürchtet, an denen die berühmte Attacke auftreten könnte. Bei sozialen Phobien; die Angst vor sozialen Situationen und was die Leute sagen werden. Bei spezifischen Phobien, der Angst vor bestimmten Kontexten, bereits erwähnten Situationen wie Fliegen, Gehen in der Höhe oder in der Nähe von tiefen Gewässern. Zwangsstörung; Angst vor Keimen, Obszönitäten , um nur einige zu nennen. Und das Posttraumatische; die Erinnerungen oder erlebte Ereignisse von Leben oder Tod oder wo es psychische Traumata gab. Aber bei der generalisierten Angststörung gibt es nicht diese Angst vor einer bestimmten Sache oder einem bestimmten Problem, sondern Sie fürchten alles gleichzeitig. Personen mit generalisierter Angst neigen dazu, sich aus heiterem Himmel übermäßige Sorgen zu machen. Als ob sie sich immer Sorgen um etwas so Einfaches wie Arbeit, Studium, Partner, Angst vor einem Unfall machen würden. Sie finden es unmöglich, sich nicht mehr um einfache Dinge des Alltags zu kümmern. Und natürlich verursacht diese lange Zeit die Symptome, die wir bereits erwähnt haben; von Herzklopfen bis hin zu Schlafstörungen und schrecklichen Qualen .

Die Mechanismen der generalisierten Angst

Das erste Kapitel bestand im Wesentlichen darin, die verschiedenen Arten zu kennen, in denen sich Angst manifestiert. In diesem Abschnitt werden wir uns den Mechanismus genauer ansehen. Um damit umzugehen, müssen wir zunächst die Ursachen identifizieren – Faktoren, die direkt oder indirekt dazu beitragen, warum eine Person unter Umständen Angst empfinden kann, unter denen andere Menschen sie normalerweise nicht zeigen.

Spezialisten unterscheiden vier Hauptursachen oder Faktoren, um den Mechanismus dieser Störung zu verstehen.

1) Die Kontexte – die Umstände – die Situationen, die die Angstreaktionskette auslösen

2) Auf physiologischer Ebene unter bestimmten Umständen

3) Wie reagieren wir auf Angst?

4) Folgen für die Symptomatik

➡➡➡Umstand physiologische Reaktion ängstliche Reaktion Folgen oder Handlungen

Lassen Sie uns als Nächstes einen genaueren Blick auf die Dinge werfen, die Sie beachten müssen, um diese Störung zu überwinden.

Angstauslöser

Diese Varianten können von jeder Person abhängen, aber zum größten Teil sind sie die wichtigsten, die auftreten, obwohl sie nicht direkt mit einer Störung zusammenhängen:

- gehen Sie an überfüllte Orte
- Fahren Sie mit dem Fahrstuhl oder Fahrstuhl
- Bleiben Sie in einer Linie oder retten Sie unseren Zug
- vor vielen Leuten sprechen
- Von einer Gruppe von Menschen beobachtet werden
- Kritik zu erhalten verstärkt sich, wenn es mehrere gleichzeitig gibt
- Sich mit einer attraktiven oder autoritäre Person unterhalten
- Essen oder Trinken an überfüllten Orten
- Reisen Sie mit dem Flugzeug
- Blut oder Wunden sehen
- wichtige Entscheidungen treffen
- Gehen Sie zu Vorstellungsgesprächen
- vorausdenken
- an den Tod denken
- Dass sie mit ihrem Aussehen nicht zufrieden sind (es gibt viele Menschen, die einfach nicht gut aussehen in ihrer Hose oder einem bestimmten Kleidungsstück etc.

All dies bedeutet nicht, dass die Angst vor etwas Bestimmtem uns dazu zwingt, andere direkt oder indirekt damit zusammenhängende Situationen zu fürchten. Zum Beispiel gibt es Menschen, die es beängstigend finden, vor einer großen Gruppe von Menschen zu sprechen, aber sie haben keine Angst davor, einem Mädchen einen Antrag zu machen. Hier geht es darum, dass es zur Bestimmung des Schweregrades einer generalisierten Angststörung nicht darauf ankommt, wie viele Situationen die Person befürchtet, sondern wie sehr das Angstgefühl ihr Leben beeinflusst. Es erschwert es Ihnen bei der Arbeit, auf beruflicher, persönlicher, sozialer Ebene usw.

Vielleicht denken Sie, die Sie dieses Buch gelesen haben, dass es keine Situation gibt, die Ihnen Angst macht, und Sie haben Recht. Es gibt Menschen , die keine bestimmte Situation als Ursache haben . In der Psychologie verwendet man bevorzugt Reize, weil es einfacher ist, Gedanken, Emotionen, Erinnerungen, Empfindungen als Ursachen von Angst einzubeziehen. Ein Beispiel ist, dass wir keine bestimmte Situation fürchten, aber wenn wir befürchten, dass sie uns ansehen werden, erzeugt dieser Gedanke an die Angst, nervös angesehen zu werden, Angst.

Reaktionen, die Angst bei den verschiedenen Störungen auslöst, die wir bereits erwähnt haben, wenn sie auftreten. Wichtig zu wissen:

Aktive physiologische Reaktion:

- Herzklopfen
- Gefühl der Unterdrückung
- Kurzatmigkeit
- Erröten (Rötung im Gesicht)
- Durchfall. Usw.

Kognitive Antworten:

- Erinnerungen an einen schrecklichen Unfall
- vergewaltigen oder missbrauchen oder sich an das Gesicht der Kriminellen erinnern
- Blasphemische Gedanken gegenüber deinen Eltern oder Gott
- Wiederkehrende Zweifel an der sexuellen Orientierung
- Zweifelt nach wenigen Sekunden, ob er den Ort verlassen hat, ob Türen, Fenster, Gashähne richtig geschlossen sind, sich die Hände gut gewaschen haben usw.
- Wahrnehmung von sich selbst als fremd oder fern von der Realität
- Gewalttätige Bilder oder aggressive Inhalte im Kopf

Physiologische motorische Reaktionen:

- Handzittern für Minuten
- Schwierigkeiten beim Sprechen Stottern
- Schwäche in den Beinen und Händen Ohnmachtsgefühl

Unsere Physiologie in Situationen

Das Leiden unter Angst wird irgendwie bis zu einem gewissen Grad vererbt. Es sollte beachtet werden, dass wir keine spezifische Störung erben, aber wir erben diese gewisse physiologische Empfänglichkeit, unter all den bereits beschriebenen Symptomen leichter an Tachykardie, Muskelverspannungen zu leiden. Durch diese Verfügbarkeit, auf bestimmte Umstände als andere Personen zu reagieren, ist es einfacher, Alarmreaktionen auf bestimmte Kontexte zu lernen, als dies für andere normal ist. Daher erzeugt diese genetische Empfänglichkeit keine Angst.

Kognitive Symptome: Kognitive Symptome sind all jene wiederkehrenden Bilder und Gedanken, die in unserem Kopf ausgelöst werden, wenn wir uns in einem Angstbild befinden, also jene Gedanken, die uns in einer bestimmten Situation automatisch in den Sinn kommen.

In der folgenden Tabelle sehen Sie allgemein die kognitive Symptomatik

Angst weit verbreitet	**symptomatologie kognitiv**

die Antwort Physiologisch ist: Tachykardien Schüttelfrost ,

Zittern: und Ihre Symptome kognitiv sind: **Denken**

Panikstörung _ _

Wenn ich ohnmächtig werde , wenn ich sterbe für einen

Angriff Herz , und wenn ...

Gedanken :

Und wenn ich im Film sterbe... wenn ich während

des Interviews vor den anderen falle... wenn ich vor

Agoraphobie

dem Mädchen, das ich mag, auf die Toilette gehe...

denke :

„Und wenn er mir die gibt Krebs ." „Der Aufzug

Phobien Spezifisch

könnte verderben ." Und wenn ich von einem Auto

angefahren werde

Bilder Geist oder Gedanken wiederkehrend :

Obwohl Du hast gerade gesehen , dass du den

Störung obsessiv

Gashahn geschlossen hast , du kommst zurück immer

zwanghaft (OCD)

und immer wieder Zeit zu überprüfen _ und du bist es

nicht schön, bis jemand weiter Tee sagen Das

geschlossen

Gedanken :

- Ich bin sicher, wenn ich an der Reihe bin , werde ich

es schrecklich machen .

-Sie sind geben Konto , das ich bin Wenn ich rot werde

Soziale Phobie

, sagen sie, ich sei schwach und verängstigt

-Was werden sie denken? wenn sie mich begrüßen und

ich meine klebrige Hand habe von Er Angst , die ich

fühle

denke :

Störung von betonen posttraumatisch -

denk nochmal nach um Veranstaltungen Vergangenheit wie :

Niemals Ich werde es wieder tun Glücklich

Und wenn sie mich entführen andere Zeit ... wenn sie mich töten

Angst und Unruhe äußern sich physiologisch durch Dutzende von Symptomen, wie Muskelverspannungen, Tachykardie, Atemnot, Erbrechen, Übelkeit, Mundtrockenheit, Schwitzen, Zittern, Schüttelfrost, Hitzewallungen, Schlaflosigkeit, Kopfschmerzen, starke Nackenschmerzen, die sie manchmal sind verwechselt mit zervikalen Problemen, chronischer bis mittelschwerer Müdigkeit, schneidendem Durchfall. Zum Glück treten all diese Symptome nicht plötzlich auf, aber stellen Sie sich vor: Es wäre schrecklich. Leider können all diese Symptome in bestimmten Stadien der Angst zu verschiedenen Veränderungen unserer Gesundheit führen, wie dem berühmten Reizdarm, Colitis, Verstopfung und Bruxismus. Hohe Atmung – Hyperventilation spielt eine wichtige Rolle bei einer Panikstörung. Wenn zum Beispiel die Atmung in kurzer Zeit zunimmt, verursacht diese Erhöhung des Sauerstoffgehalts im Blut bei vielen Menschen die oben genannte Kette von Symptomen. Und genau diese Symptome, wie Schwindel, ein seltsames Gefühl, werden normalerweise als plötzlicher Herzinfarkt oder drohender Wahnsinn fehlinterpretiert. Und dann kommen wochenlang die Panikattacken.

Fachleute sind sich einig, dass mindestens 75 % der Menschen in ihrem ganzen Leben an mindestens einer Panikstörung leiden werden. Wie Sie im obigen Kasten sehen können, wiederholen sich viele Symptome, wenn nicht alle, bei fast allen Erkrankungen. Und das liegt daran, dass Angst bei allen Angststörungen eine ähnliche physiologische Manifestation hat, obwohl die Situationen und Gedanken, die diesen Zustand verursachen, unterschiedlich sind.

Wenn wir ängstlich sind, nehmen die meisten Menschen die Symptomkette in uns weniger wahr, als wir denken. Besonders bei Personen, die unter sozialer Phobie leiden und glauben, dass jeder merkt, dass sie in einer bestimmten Situation super nervös sind, ist nichts weiter von der Wahrheit entfernt. Im Gegenteil, die Vermeidung der Flucht in den Situationen, die uns am meisten Angst machen, ist ein unverrückbares Symptom für das Fortbestehen des Problems. Aus diesem Grund ist es wichtig zu lernen, unsere Gedanken und die Bilderflut, die automatisch unseren Geist überflutet, zu kontrollieren – richtig zu steuern. Stellen Sie sich in unserem täglichen Leben den Situationen, die wir normalerweise vermeiden oder fliehen; Es ist der letzte Schritt, den wir gehen müssen um dieses als Kätzchen verkleidete schreckliche Monster ein für alle Mal zu besiegen.

Sie können die wichtigsten motorischen Symptome der Angst nach Angststörungen gruppiert sehen.

Angststörung _ _	symptomatologie Motorboot
Panikstörung _ _	Vermeidung oder Flucht aus Situationen in dem du denkst, du könntest haben eine Angstattacke . _ Vermeiden oder beenden Sie Aktivitäten , die _ _ _ Ursache Symptome physiologisch gefürchtet (Tachykardie , Erstickung , Unterdrückung In Er Brust usw.), z Beispiel : tun Sport oder halten Beziehungen sexuell .
Agoraphobie-Störung _	Situationen vermeiden oder davonlaufen _ stressig oder ängstlich _
Soziale Phobie _	Vermeiden oder fliehen Sie vor gefürchteten Situationen . Schwierigkeiten beim Sprechen _ würgend stottern . Zittern sichtbare Hände oder Beine
Die Phobien Spezifisch	Vermeidung oder Flucht aus Situationen befürchtet .
Störung obsessiv zwanghaft	Vermeidung oder Flucht vor Situationen, vor denen Sie Angst haben . Hände waschen , legen Objektreihenfolge _ _ Dinge , prüfen Dinge übermäßig . _
Störung von betonen posttraumatisch	Vermeidung von oder Flucht vor Situationen , Menschen oder Gegenständen , die an die Situation erinnern traumatisch _
Angststörung _ _ weit verbreitet	Unruhe _ dürfen erscheinen als berühren sich wiederholendes Haar , Nase , Knacken _ Die Finger , Unbehagen zu bleiben sitzen usw Wut _ Auch dürfen sich sichtbar zu äußern andere (Streitigkeiten , Beschwerden , Kämpfe usw.).

Die Folgen der Angstreaktion

Unabhängig davon, ob es sich um eine direkte Manifestation von Angst handelt, ist es logisch, dass wir dieses lästige Unbehagen reduzieren möchten. Die Folgen des Verhaltens spielen jedoch eine sehr wichtige Rolle dabei, wie wir handeln und uns ein Bild von diesem Zustand machen:

- Ich habe eine Panikattacke im Kino und ich laufe aus. Wenn ich gehe, fühle ich mich erleichtert, ich kann leichter atmen und mein Herzklopfen lässt nach.
- Sie bitten mich, vor die Klasse zu kommen und meinen Standpunkt darzulegen ... Ich habe das Gefühl, dass einige es bereits bemerkt haben: dass sie an mich gedacht haben, so dass ich nach und nach den Unterricht verpasse.
- Ich habe Angst, wenn ich nur daran denke, dass meine Tochter einen Unfall hat, also verbiete ich ihr dringend, mit ihren Freunden auszugehen, um so mein Angstgefühl zu verringern.
- Wenn ich jemanden mit HIV begrüße, habe ich das Gefühl, dass ich mir bis zu 7 Mal die Hände waschen muss, dann schaffe ich es, diese absurde Vorstellung loszuwerden, dass ich mich so nicht anstecke.

Die Aufzählung ließe sich beliebig fortsetzen... aber am Ende würden wir immer wieder auf dasselbe hinauslaufen, dass die Dinge, die wir aufgrund einer bestimmten Situation tun, die Essenz eines neutralen ängstlichen Problems enthalten. Sie könnten an dieser Stelle sagen: Was ist falsch daran wegzulaufen, wenn es mir dadurch besser geht? Nun, das ist eine sehr gute Frage, aber da dieser informative Leitfaden darauf abzielt, Ihnen

Richtlinien zu geben – Ihnen alternative Verhaltensweisen beizubringen, um zumindest den ersten Schritt zur Kontrolle Ihrer Angst zu tun , ist es natürlich wichtig, die Dinge zu tun, die uns geben Verbesserung. Aber die Frage ist, welche Art von Dingen – Handlungen – Verhaltensweisen dazu führen, dass wir uns besser fühlen. Was noch wichtiger ist, ist, wie lange diese Verbesserung anhält ... ist sie kurzfristig oder dauerhaft?

Das Hauptproblem bei den Verhaltensweisen, die wir in der obigen Liste als Beispiel genannt haben, ist, dass sie uns nur kurzfristig ein Gefühl des Friedens geben, aber langfristig weiterhin unwirksam und unserer Lebensqualität abträglich sein werden , und sehen wir uns das unten an:

- Ich habe eine Panikattacke im Kino und ich laufe aus. Als ich gehe, fühle ich mich erleichtert, aber für kurze Zeit kann ich leichter atmen und das Herzklopfen lässt nach. Langfristig wird es schlimmer und vielleicht glaubt die Person, dass das Kino eine solche Krise verursacht und hält es für einen gefährlichen Ort.
- Wenn ich jemanden mit HIV begrüße, habe ich das Gefühl, dass ich mir bis zu 7 Mal die Hände waschen muss, dann schaffe ich es, diese absurde Vorstellung loszuwerden, dass ich mich so nicht anstecke. Für kurzfristig. Es ist bekannt, dass je mehr Zeit vergeht, die Besessenheit zunehmen kann. Ich kenne Leute, die anfingen, sich die Hände zu waschen oder einen bestimmten Gegenstand zu waschen, aus Angst, x Keime zu bekommen ... Zuerst fingen sie an, 4 Mal zu waschen, und nach einigen Jahren verschlimmerte sich die Zwangsstörung und sie wuschen bis zu 40 Mal auf

einmal.

Es ist offensichtlich, dass die Ruhe, die uns kurzfristig dazu bringt, zu fliehen oder Situationen zu vermeiden, die uns Angst machen, langfristig kontraproduktiv für unsere Lebensqualität ist. Weil wir in allen Situationen durch die Bedrohungen, die uns verfolgen, in gewisser Weise den Kontakt zur Realität verlieren. Wenn wir vor einer bestimmten Situation davonlaufen, glauben wir, dass die Angst weiter gestiegen wäre und ein unerwartetes Ausmaß erreicht hätte, wenn wir diese lästigen Symptome gefühlt hätten. Aber die Wahrheit ist, dass sie harmlos sind, wenn man sich ihr stellt. Eine Situation zu vermeiden hat eine ähnliche Wirkung wie eine Flucht, leider lässt es uns nicht sehen, was in einer solchen Situation passiert wäre, die wir befürchten, und so stellen wir uns am Ende vor, dass das Schlimmste passiert wäre. Wenn Sie das nächste Mal ein ähnliches Szenario präsentieren, denken Sie vielleicht, und wofür? Es ist eine sehr persönliche Antwort, aber wenn du es mir antust, würde ich sagen, die Zeit nicht vergehen zu lassen und diese wunderbaren Momente zu genießen, die du entgleiten lässt. Der Realität ins Auge zu sehen, ist das Beste, was du tun kannst. Zweifellos ist es transzendental, sich diesen Situationen zu stellen, die wir fürchten, um unsere Ängste und Ängste zu überwinden.

Angst und emotionale Chemie

Angstpatienten werden oft direkt oder indirekt durch Chemikalien ausgelöst. Tatsächlich können die meisten Substanzen, die wir später sehen werden, Folgendes verursachen:

- Angststörungen oder deren Verstärkung
- Verschlimmerung von Störungen, die Sie bereits hatten
- Oder scheinbar ängstliche Probleme „reparieren".
- Chronisieren Sie das Problem

Wir werden nicht darauf eingehen, weil es offensichtlich ist, aber die Liste, die Sie unten lesen werden, sind die wichtigsten Substanzen, die Sie vermeiden sollten, wenn Sie das Gefühl haben, dass Sie irgendwelche Probleme haben, die auf Angst zurückzuführen sind

- Kaffee, Kakao und Cola: Da sie sehr viel Koffein enthalten, das alle Angstsymptome begünstigt, ist es zwar schwierig, vielen dieser Getränke zu widerstehen, es ist jedoch ratsam, sie nicht einzunehmen.
- Energy Drinks: Diese Getränke enthalten eine Art Cocktail aus Vitaminen, Zucker, Taurin, Stimulanzien wie Koffein und Guarana.Gleiche Wirkung wie Kaffee, Cola, Kakao, aber 5-mal stärker bei Angstzuständen.
- Alkohol, Kokain, Amphetamine
- Kokain kann Panikattacken auslösen
- Amphetamine und Derivate : Diese Substanzen haben eine stimulierende Wirkung, die Angststörungen hervorrufen oder verschlimmern kann.

- Psychopharmaka: Anxiolytika
- Antidepressiva

Es wird empfohlen, nur und ausschließlich die chronischsten und schwerwiegendsten Angstzustände zu behandeln, immer unter der Aufsicht eines Spezialisten. Anxiolytika sind bei einigen Personen wirksam, insbesondere wenn es um die Behandlung akuter Symptome geht. Im Gegenteil, Antidepressiva helfen nachweislich bei chronischen Ängsten, Medikamente sind jedoch nicht die Lösung des Problems, sie wirken nur vorübergehend, aber sie helfen sehr, wenn Sie auf eine endgültige Heilung zusteuern. Erinnern wir uns daran, dass Angst für unser Überleben lebenswichtig ist, aber das Wichtigste ist, sie angesichts imaginärer Reaktionen oder Gefahren zu kontrollieren, das ist die definitive langfristige Lösung.

3 Richtlinien, die Sie beachten sollten, wenn Sie noch keine Medikamente einnehmen:

- **Wenn Sie dennoch keine Medikamente einnehmen** : Nehmen Sie keine Behandlung an, wenn diese ausschließlich aus der Einnahme von Medikamenten besteht. In bestimmten Fällen fängt es so an, weil es kurzfristig wirksam ist, aber wenn Sie es über einen längeren Zeitraum fortsetzen, wird es Ihnen sehr schwer fallen, damit aufzuhören. Vergessen Sie nicht, dass sich unser Körper an Anxiolytika gewöhnen wird, daher wird es immer weniger wirksam für die Symptome und höhere Dosen werden erforderlich sein.

- **Wenn Sie bereits fachärztlich verordnete Medikamente einnehmen:**

Hören Sie niemals auf, Ihre Medikamente ohne die Anordnung Ihres Arztes einzunehmen. Sie sollten sich regelmäßig selbst untersuchen, um Ihre Dosis anzupassen und sogar die medikamentöse Behandlung abbrechen , wenn Sie eine Besserung verspüren. In den letzten Jahrzehnten wurde wissenschaftlich bewiesen, dass kognitive Verhaltenstherapien eine ähnliche Wirksamkeit wie die besten Medikamente und eine viel höhere Fähigkeit haben, Ihnen zu helfen, aus der Angst herauszukommen.

- **Wenn Sie selbst Medikamente einnehmen:**

Sie sollten niemals Medikamente einnehmen, da es einige Drogen gibt, deren Suchtpotenzial sogar höher ist als die von einigen illegalen Drogen. Beenden Sie daher sofort die Einnahme der Medikamente, die Sie einnehmen, und suchen Sie Ihren Arzt auf. Brechen Sie die Einnahme des Medikaments niemals eigenmächtig ohne vorherige Benachrichtigung Ihres Facharztes ab.

Jetzt haben wir einen breiteren Begriff von Angst, ihren Störungen, ihrem allgemeinen Mechanismus und ihren Symptomen, die von denen, die darunter leiden, und einigen der Substanzen, die die Chemie auf unseren Körper ausübt, dargestellt werden, was in vielen Fällen dazu beiträgt, ihn zu verschlimmern. Obwohl all diese Informationen sehr nützlich sind, um uns eine Vorstellung zu geben, sind sie dennoch sehr allgemein, um uns zu helfen, unsere Angst auf sinnvolle Weise zu überwinden. Und genau im nächsten Kapitel werden wir diskutieren, wie man damit umgeht.

Wenn Sie das Gefühl haben, dass Sie auch nach dem Lesen dieses Leitfadens allgemeine Angst oder Zweifel haben, ist mein ehrlicher Rat, dass Sie sich an einen Spezialisten wie einen professionellen Psychologen oder Psychotherapeuten wenden; Sie werden Ihnen helfen und Sie diagnostizieren, wenn Sie an einer Störung leiden, die von derselben GAD herrührt, und sie werden Ihnen verfügbare Optionen anbieten, die Ihnen helfen können, weiterzukommen. Als Ergänzung kann die Lektüre dieses Buches eine große Hilfe sein. Im folgenden Abschnitt haben wir eine Reihe der effektivsten Techniken ausgewählt, die sich für die Art Ihrer Angst bewährt haben. Die Techniken werden in zwei Gruppen eingeteilt, die auf zwei Ziele abzielen:

- **Holen Sie sich eine körperliche Entspannung**
- **geistige Entspannung finden**

Eine Muskelentlastung oder progressive Muskelentspannung

Progressive Entspannung besteht im Wesentlichen darin, eine Reihe einfacher Muskelanspannungs- und Entspannungsübungen zu praktizieren. Das Hauptziel, das wir mit diesen spezifischen Übungen erreichen wollen, ist zunächst nicht so sehr, eine allgemeine Muskelentspannung zu erreichen, sondern zu wissen, wie man die verschiedenen Zustände von Muskelverspannungen, unter denen wir leiden, unterscheiden kann. Normalerweise schenken die meisten von uns den Bereichen, in denen mehr Anspannung herrscht, nicht allzu viel Aufmerksamkeit, und genau diese Anspannung erzeugt einen Großteil des Gefühls körperlichen Unbehagens.

Wie man besagte Entspannung durchführt

Es ist wichtig, dass Sie berücksichtigen, dass Sie Disziplin benötigen, um sie auszuführen, und mindestens 12 Tage, bis Sie beginnen, eine spürbare Muskelverbesserung zu spüren. Das mag Ihnen nicht viel Mut machen, wenn das Medikament Ihnen sofort diese Entspannung verschafft, in gewisser Weise ist es das, aber auf lange Sicht wird Ihnen diese Technik ein dauerhaftes Wohlbefinden bescheren. Und die Vorteile sind enorm... Wenn Sie erst einmal wissen, wie man sich entspannt, müssen Sie keine Medikamente mehr nehmen, um sich wohl zu fühlen.

Sie können diese Anweisungen mit einer Stimme aufzeichnen oder jemand mit ruhiger Stimme kann Ihnen die Richtlinien geben, damit Sie sie ausführen können.

Machen Sie es sich so bequem wie möglich. Versuchen Sie, an nichts zu denken, Sie konzentrieren sich nur auf Ihren Körper. Schließe deine Augen und konzentriere dich auf all die Empfindungen, die in wenigen Augenblicken auftauchen werden...

Wir beginnen mit Ihrem linken Arm. Ich möchte, dass Sie Ihre Aufmerksamkeit nur auf Ihren linken Arm richten ... versuchen Sie, Ihre Faust zu ballen, bis Sie die Spannung spüren, die in all Ihren Fingern erzeugt wird und durch Ihren gesamten Unterarm geht und Ihre Schulter erreicht ... lassen Sie es nicht zu geh... halte diese Kraft 10 oder 12 Sekunden lang aufrecht, bis du die Spannung vollständig spüren kannst... jetzt lass all diese enthaltene Kraft auf eine plötzliche Weise los. Konzentrieren Sie sich jetzt sofort auf das Gefühl der Entspannung, das jetzt in Ihrer Hand auftritt und Ihren Unterarm und einen Teil Ihrer Schulter hinunterläuft. Ich möchte, dass Sie sich ausschließlich darauf konzentrieren. Dass Sie Schwere oder Leichtigkeit spüren, vielleicht ein Kribbeln oder etwas Warmes ... das ist in Ordnung, keine Sorge, fühlen Sie, dass Ihr Arm träge ist? Das ist genau die Muskelentspannung, von der ich Ihnen erzählt habe.

Wiederholen Sie dasselbe wie mit Ihrer linken Hand, aber spannen Sie jetzt Ihre rechte Hand von der Schulter bis zur Faust an, so stark, dass Sie ein leichtes Unbehagen in Ihren Fingern spüren. Nochmals 10 Sekunden und loslassen... spüren Sie dieses Gefühl, sobald Sie Ihren Arm und Ihre Hand loslassen, es sollte völlig schlaff sein.... Atmen Sie noch einmal auf die gleiche Weise; weich und leicht, ohne es zu erzwingen, die Luft sollte mühelos herauskommen ... tief einatmen und 5 Sekunden halten und ausatmen. Ich möchte, dass Sie mit dem unteren Teil beider

Lungenflügel langsam und ohne Druck atmen ... Sie werden sehen, dass Sie sich nach und nach daran gewöhnen werden ...

Vielleicht haben Sie bemerkt, dass sich einige Bereiche Ihres Körpers auch zusammengezogen haben, wenn Sie Ihre linke oder rechte Faust geballt haben, einschließlich Ihres anderen Arms ... am Anfang ist das normal. Aber achten Sie auf! Es ist wichtig, dass Sie sich konzentrieren, damit nur der gewünschte Bereich angespannt ist. Es ist wichtig, dass wir lernen, den Rest der anderen Teile unseres Körpers zu entspannen, um diese angespannten Empfindungen nicht zu spüren. Das erfahren wir etwas später.

Wir wiederholen jetzt in unserer rechten Faust und lösen die enthaltene Spannung ... Ich möchte, dass Sie diese Übung in jeder Sitzung mindestens dreimal wiederholen, so langsam wie möglich ... es besteht keine Eile. Sie müssen jede Empfindung Ihres Körpers kennen. Sobald Sie mit beiden Armen und Atmung entspannt sind und Ihr Geist leer ist, gehen wir zur nächsten Übung über.

Jetzt konzentrieren wir uns nur auf die Muskeln unseres Gesichts. Sicher ist dir schon aufgefallen, dass es etwas komplizierter ist, aber durch Üben wirst du dich verbessern. Denken Sie daran, dass Sie dazu den Bereich der Stirn, zwischen den Augenbrauen, den Augenlidern, der Nase , den Lippen, den Wangenknochen, dem Kiefer und natürlich der Zunge anspannen müssen. Jetzt fangen wir mit der Stirn an, dafür versuchen Sie, die Augenbrauen stark zu heben ... ja! Heben Sie sie so hoch wie Sie können und halten Sie sie 10 Sekunden lang ... Lassen Sie sie jetzt genauso stark los, Sie werden etwas Müdigkeit und etwas Freiheit in Ihrem Gesicht spüren.

Jetzt nur noch die Augenlider anspannen, zusammendrücken! Sie werden eine leichte Anspannung spüren, lassen Sie diese Kraft jetzt los ... nur Ihre Augenlider entspannen sich, Sie spüren die Erleichterung, richtig? obwohl ein wenig müde ... mach es noch einmal und lass dann los ...

Spannen Sie nun Ihre Augenlider an. Drücken Sie sie! Spüren Sie die sanfte Anspannung in Ihren Augen... und lösen Sie die Anspannung. Die Augenlider entspannen sich, bleiben locker und spüren kaum...

Jetzt ist es die Wende zwischen den Augenbrauen und der Nase ... Sie werden sich zwischen diesen beiden Bereichen hart fühlen ... jetzt spüren Sie eine zurückhaltende Kraft, richtig? Lassen Sie los, sobald Sie es tun, werden Sie bemerken, wie sich dieser Bereich entspannt, nur dieser Bereich ... Sie werden in Sekundenschnelle das Gefühl von Anspannung und Entspannung spüren. Mach es noch einmal und lass es los. Nehmen Sie jedes Gefühl des Drückens, Loslassens, Drückens und Loslassens wahr.

Drücken Sie Ihren Kiefer und die Zunge, die gegen den Gaumen drückt. Sie sollten die Kraft für 10 Sekunden in Ihrem Kiefer und Ihrer Zunge spüren ... Lassen Sie Ihre Zunge los ... sie bleibt entspannt , genau wie Ihr Kiefer. Wiederholen Sie die gleiche Übung noch einmal.

Zu diesem Zeitpunkt hat sich Ihr gesamtes Gesicht entspannt, zusammen mit beiden Armen, und Ihre Atmung ist ruhig und entspannt.

Jetzt ist es an der Zeit, den Nacken zu entspannen. Um dies zu tun, können Sie versuchen, Ihr Kinn an Ihre Brust zu berühren, oder einfach 10 Sekunden lang Ihren Nacken drücken. Du spürst die Spannung... sie ist starr, hart. Lassen Sie jetzt die

Kraft in Ihrem Nacken los... er ist entspannt, etwas müde, aber entspannt. Nochmals wiederholen. An dieser Stelle möchte ich, dass Sie Ihre ganze Aufmerksamkeit auf das sich einstellende Wohlgefühl richten. Flüssiges Atmen ohne Zwang, entspannte Arme, Gesicht und jetzt Nacken, und natürlich das Wichtigste; dein Geist konzentrierte sich nur auf diese Empfindungen, auf nichts anderes ... Ich möchte nicht, dass du an etwas anderes als hier in deiner Gegenwart denkst.

Um unsere Schultern anzuspannen, werden wir versuchen, sie nach hinten zu bewegen, als ob wir von hinten rückwärts spielen wollten. Du spürst die Spannung... locker. Unser Rücken scheint sich zu entspannen. Wiederholen Sie die Übung noch einmal, aber machen Sie jetzt weiter und entspannen Sie sich. Spüren Sie jede dieser Empfindungen ...

Spannen Sie nun Ihren Bauch an, als würden Sie einen Sit-up machen. Drücken Sie es für 12 Sekunden und lassen Sie los, sehen Sie, wie Sie die enthaltene Kraft gespürt haben! und jetzt ist es wieder weich und entspannt . Sicher haben Sie schon bemerkt, wie angenehm es ist, das Gefühl nach dem Anspannen zu spüren...

Jetzt möchte ich, dass Sie Ihren mittleren und unteren Rücken anspannen. Versuchen Sie, Ihren Rücken zu wölben, als wollten Sie Ihren Bauch nach vorne drücken. Mach es... spüre die kleine Anspannung... jetzt lass los. Genauso wie bei den vorherigen einfachen Übungen spürst du die Entspannung ... mach es noch einmal, vergiss nicht, dich auf jedes angenehme Gefühl zu konzentrieren, wenn du die Spannung löst ...

In diesem Moment haben Sie bereits eine flüssige und entspannte Atmung, nicht forciert, Sauerstoff tritt ein und entspannt Sie ... Ihre Gedanken sind im Jetzt, Sie denken an nichts anderes als an diese Empfindungen, denen Sie zuvor keine Aufmerksamkeit geschenkt haben. ... der Atem geht weiter sehr tief und du entspannst dich immer mehr.

Jetzt ist unser linkes Bein an der Reihe, dazu spannen Sie Ihren Oberschenkel kräftig vom Gesäß bis zur Fußspitze an, als wollten Sie das Auto bremsen. Sie sehen, dass die Spannung zu spüren ist ... lassen Sie jetzt los ... Wenn Sie den Bereich der Wade, des Oberschenkels, des Fußes entspannen ... Ich möchte, dass Sie sich auf jede Empfindung des gesamten Beins konzentrieren, ich möchte, dass Sie jede Empfindung kennen, die wahrgenommen wird, wenn Sie angespannt sind und wenn Sie entspann dich... Ich möchte, dass du es genauso machst.... Lassen Sie los und spüren Sie diese entspannenden Empfindungen jedes Mal, wenn Sie sich zusammenziehen und loslassen . Jetzt wiederholen Sie dasselbe, aber mit Ihrem rechten Bein...

An diesem Punkt ist dein ganzer Körper vollkommen entspannt... dein Gesicht, dein Nacken, der Schulterbereich, dein Bauch, der Rückenbereich und natürlich beide Beine... deine Atmung setzt sich harmonisch fort, ruhig und mit so tiefen Atemzügen ohne Kraft ; Ihre Energie wird erneuert und die Anspannung in Ihrem Körper löst sich allmählich ... und Sie erkennen, dass Entspannung Ihnen viel Ruhe und Besserung bringt ... Sie haben das Recht darauf, wir alle haben es, aber dafür müssen Sie es Lern es...

Halte deine Augen geschlossen, öffne sie nicht... genieße trotzdem diese Entspannung in deinem Geist...

Nach mindestens 8 Minuten auf diese Weise können Sie aufstehen. Stehen Sie nicht abrupt auf, tun Sie es sanft, da Sie bei dieser Muskelentspannungsübung alle Ihre Muskeln ohne

Anspannung gelockert haben und sich möglicherweise unwohl fühlen.

*Ich möchte betonen, dass diese effektive Muskelübung in den wichtigsten therapeutischen Zentren auf der ganzen Welt weit verbreitet ist. Es ist wichtig, es mindestens 2 Mal täglich für etwa 10 bis 15 Minuten in die Praxis umzusetzen.

Ich empfehle, dass Sie es an einem ruhigen Ort ohne Unterbrechungen tun, oder viel besser an einem Ort, der von Natur umgeben ist, Sie werden sehen, dass die Ergebnisse unglaublich sein werden. Wie bei jeder anderen Übung wird die Qualität unserer Entspannung umso besser, je mehr wir täglich üben. Ohne Zweifel werden die besten Vorteile dieser Übung nach höchstens ein paar Wochen im Monat eintreten, solange Sie sie mindestens zweimal pro Woche durchführen.

Wenn Sie die vorherige Übung in Audio aufnehmen, ist es wichtig, dass Sie sie mit einem harmonischen Rhythmus und einer harmonischen Intonation ausführen, damit sie gleichermaßen anregend ist. Wenn es Ihnen anfangs schwer fällt, Ihren Geist leer zu lassen, tun Sie es nicht, zwingen Sie Ihre Gedanken nicht, sondern konzentrieren Sie sich auf die Übung und die Empfindungen, die Sie fühlen.

Diejenigen, die an Panikstörungen leiden, sollten bedenken, dass diese Art von Übung sie mehr in Einklang mit ihren physiologischen Empfindungen bringt; wie Herzschlag, Atmung etc. Gerade das kann beängstigend sein, ist es aber nicht, bedenken Sie, dass sie harmlos sind. Wenn Ihnen durch kontrolliertes Atmen schwindelig wird, tun Sie es nicht so intensiv. Denken Sie daran, dass Sie nach und nach auch bei tiefer Atmung ein hohes Maß an Konzentration erreichen werden.

Es gibt andere Möglichkeiten, unsere Muskeln zu entspannen, eine davon ist leichte bis mäßige körperliche Betätigung. Als nächstes werden wir sehen, welche die besten sind.

Die besten Sportarten, die Ihnen helfen können, sich zu entspannen

- **Das Yoga:** Angesichts wiederholter Angstbilder ist es ratsam, diese Übung zu üben. Es ist klinisch erwiesen, dass diese Praxis hilft, die Atmung zu kontrollieren und geistige und körperliche Ruhe zu erreichen, sie hilft auch, ein angemessenes Bewusstsein für unseren Körper zu erlangen und Emotionen auf positive Weise zu kontrollieren.

- **Boxen – MMA:** Es ist sehr nützlich für schwere Angstbilder. Fachleute aus aller Welt sind sich einig, dass Boxen oder MMA als Sport neben Depressionen auch Angstsymptome stark lindert, weil es eine enorme Menge an Glückshormonen wie Endorphine, Oxytocine, Dopamin, Serotonin und damit einen positiven und glücklichen Zustand liefert des Verstandes. Darüber hinaus steigert es unser Selbstwertgefühl, wenn wir uns verbessern und Veränderungen in unserem Körper vornehmen.

- **Pilates:** Pilates-Praxis wird Personen, die unter Panikattacken leiden, dringend empfohlen. Es hilft Ihnen, Ihren Körper zu kontrollieren und diese Triebe zu meistern, und es gibt Ihnen ein hohes Maß an Fähigkeit, sich durch Übung zu konzentrieren. Außerdem bewegt man sich dadurch besser und schmerzfreier, wodurch eine Kette des Wohlbefindens entsteht. Denken Sie daran, dass die erste Voraussetzung zum Glücklichsein körperliches Wohlbefinden ist.

- Bei angstbedingter Schlaflosigkeit sind die besten Aktivitäten aerobe Aktivitäten wie Gehen, Radfahren, Joggen, Laufen, die die Durchblutung und unsere Herzfrequenz unglaublich verbessern, unseren Körper entspannen und logischerweise eine bessere Erholung ermöglichen .

- **Team-Sport:** Die Schwierigkeiten, die wir haben, um sozial mit anderen Menschen zusammenzuleben, liegen hauptsächlich im Mangel an Ausdrucksfähigkeiten und -fähigkeiten und einem geringen Selbstwertgefühl, das wir haben. In solchen Fällen wird es meist unterstützend zur Therapie verordnet; die Ausübung von Sport in der Gruppe, weil es unsere sozialen Fähigkeiten stark verbessert. Darunter sind Sportarten wie Volleyball, Fußball, Basketball usw. Bei dieser Art von Sport ist es wichtig, mit einfachen Botschaften miteinander zu kommunizieren, die uns dazu bringen, als Team zu gewinnen.

- **Schwimmen:** Schwimmen ist eine Sportart, die normalerweise individuell ausgeübt wird, daher kann sie für Personen, die an sozialen Phobien leiden, sehr nützlich sein. Es hilft ihnen, nach und nach in die soziale Sphäre einzutauchen.

Die besten Lebensmittel, um Ihre Angst zu unterstützen

Avocados: Laut einer Studie der University of Oxford aus dem Jahr 2018 hat sich herausgestellt, dass Lebensmittel mit dem höchsten Gehalt an Vitamin B zu unserem körperlichen Wohlbefinden beitragen. Laut dieser Studie gehören Avocados zu den Gemüsen, die dieses Vitamin am meisten enthalten und sind hervorragende Stimulanzien für die Freisetzung von Neurotransmittern wie Dopamin und Exotoxin, die sich positiv auf unseren gesamten Körper auswirken.

Spinat : Ein weiteres Experiment, das vom Broad Institute of MIT – Vereinigte Staaten durchgeführt wurde. Es zeigte sich bei Mäusen, dass eine magnesiumarme Ernährung direkt das Angstverhalten verstärkte, daher die Bedeutung des Verzehrs von Lebensmitteln mit dem höchsten Magnesiumgehalt, wie Vollkornweizen, Quinoa und alle Arten von Mandeln und Erdnüssen.

Lachs : Forschungen aus dem Jahr 2010 weisen darauf hin, dass Fettaminosäuren wie Omega 3 und ihre Derivate erheblich gegen Angstzustände helfen können, da sie die Gehirnchemie beeinflussen. Lachs oder verschiedene Fischsorten werden mindestens zwei- bis dreimal pro Woche empfohlen, da sie sehr zur Beruhigung von Angstzuständen und Schlaflosigkeit beitragen.

Spargel : Dieses Gemüse ist vielleicht eines der Gemüsesorten mit den meisten Studien zur Bekämpfung von Angststörungen. Seine Wirksamkeit ist so groß, dass sogar die japanische Regierung die Verwendung dieses Pflanzenextrakts in Getränken als Ergänzung gegen Angstzustände genehmigte.

Früchte mit mehr Antioxidantien: Es wurde bereits seit Jahren gezeigt, dass ein hohes Maß an Angst direkt mit einem sehr niedrigen Gehalt an Antioxidantien zusammenhängt. Wir können solche Angst kontrollieren, indem wir Lebensmittel konsumieren, die reich an Antioxidantien sind, wie zum Beispiel Nopales, Zitronen, Knoblauch, Bohnen und alle Arten von Beeren (Erdbeeren, Brombeeren, rote Preiselbeeren, Brokkoli, Avocados. Und alle grünen Früchte.

Mandeln und Nüsse: Eine dieser Arten von Früchten, die uns gegen diese Störung helfen, ist der tägliche Verzehr von Mandeln und Nüssen aufgrund ihres hohen Anteils an Vitamin B2, E und C, die auch dazu beitragen, Ihr Immunsystem bei Stress zu stärken durch die Symptomatik des Tags.

Haferflocken und dunkle Schokolade: Es ist ein kombiniertes Superfood und enthält alle Elemente, um den Körper zu beruhigen. Zusätzlich zur Verringerung der Angst in Minuten zumindest vorübergehend.

Einer der Tricks, die normalerweise bei Angstzuständen funktionieren, besonders wenn Sie an Angst-Schlaflosigkeit leiden; Es ist ein Glas heiße Milch mit einem Levanta- und Lindentee, aufgrund der idealen Mischung aus beruhigenden Eigenschaften.

Truthahn : Obwohl es unglaublich erscheinen mag, enthält Truthahn die Aminosäure Tryptophan, die dafür verantwortlich ist, Müdigkeit und Muskelentspannung zu unterstützen, insbesondere wenn Sie aufgrund derselben Störung angespannt sind.

Sauerkraut. Unter den besten Nahrungsmitteln zur Bekämpfung von Angstzuständen finden wir solche, die reich an Probiotika sind, wie Sauerkraut oder Gurken oder Kefir.

Austern: Aufgrund ihres sehr hohen Zinkgehalts ist diese Molluske reich an Vitamin B12, weshalb sie laut einer in der

Zeitschrift *Neurology veröffentlichten Studie helfen könnte, den Druck im Gehirn zu reduzieren*[1] *Wissenschaftler* . Darüber hinaus enthalten Austern Omega-3-Fettsäuren, deren Mangel mit einem erhöhten Selbstmord- und Depressionsrisiko in Verbindung gebracht wurde [2]. und Angst

---

1. *https://n.neurology.org/content/77/13/1276*

2. https://www.ncbi.nlm.nih.gov/pmc/articles/PMC533861/

Techniken, die am häufigsten verwendet werden, um Ängste und Ängste zu reduzieren

Autogene Entspannung: Es ist eine psychotherapeutische Technik, die aus der passiven Konzentration physiologischer Empfindungen besteht. Diese Technik basiert ausschließlich auf all den Empfindungen, die in unserem Körper aufgrund von Reizen mit unserer Stimme erzeugt werden. Ziel ist es, eine totale tiefe Entspannung zu erreichen und Stress und Angst abzubauen. Die Grundlage dieser Technik liegt in 6 einfachen Übungen, die im Körper erzeugen, was ihn in verschiedenen Zuständen fühlen lässt, wie z. warm, entspannt oder schwer. In allen Übungen werden Vorstellungskraft und spezifische Sprechweisen eingesetzt, um unseren Körper objektiv in diesen Bewusstseinszustand zu bringen. Ich möchte, dass Sie die folgende Übung mit sanfter und ruhiger Stimme aufnehmen und versuchen, es sich so bequem wie möglich zu machen, indem Sie sich auf einen für Sie bequemen Stuhl legen. Beispiel:

Beginnen Sie mit einem tiefen Atemzug, aber langsam und ruhig, Ihr Ausatmen ist doppelt so hoch wie das, was Sie atmen ... Beispiel. Atmen Sie 5 Sekunden tief ein, dann atmen Sie 10 Sekunden lang langsam aus, bis Sie Ihre Lungen entleeren ... atmen Sie erneut ein, aber langsamer etwas tief für 5 Sekunden, schließen Sie Ihre Augen und halten Sie sie beim Ausatmen 10 Sekunden lang, ok, jetzt wieder einatmen 6 Sekunden ... denken Sie daran, es wird die doppelte Menge an Ausatmung sein ... Ihre geschlossenen Augen spüren weiterhin jede Empfindung, die der kontrollierte Atem erzeugt. Jetzt, wo Sie alles mindestens 2 Mal gemacht haben, ist es Zeit zu beginnen ... jetzt werden Sie sich sagen: "Mein linker Arm wird anfangen, sich schwer anzufühlen, "mein linker Arm beginnt, immer mehr zu wiegen". Konzentrieren Sie sich auf Ihren Arm und wiederholen Sie dies auf die gleiche Weise mit allen Extremitäten, einschließlich Gesicht und Hals.

Öffne deine Augen nicht, behalte diese Konzentration dort ... beginne jetzt wieder mit deinem rechten Arm, aber dieses Mal wirst du es 6 Mal wiederholen ... mein linker Arm wird beginnen, mehr und mehr Schwere zu spüren. Fahren Sie dann mit dem ganzen Körper 6 Mal auf die gleiche Weise fort. Wenn Sie fertig sind, wiederholen Sie, egal wie lange es gedauert hat: „Mein Atem wird immer flüssiger ... mein Magen verspürt keine Angst oder Unbehagen ... Mein Herz beginnt sich zu verlangsamen ... Ich fühle mich ruhiger ." Wiederholen Sie es 5 Mal ... wenn Sie das getan haben, atmen Sie so tief wie möglich, ohne Ihre Lungen zu zwingen ... atmen Sie 10 Sekunden lang aus und sagen Sie, während Sie sie entleeren: "All der Stress verschwindet, alle Angst verschwindet. Atme ein... wiederhole positive Botschaften an dich selbst... öffne deine Augen noch nicht, die mit dieser Technik kombinierten Affirmationen sind sehr kraftvoll, da sie Botschaften an das Unterbewusstsein senden und es neu programmieren. Es wird gesagt, dass Sie, wenn Sie diese Technik mindestens zwei Monate lang anwenden, großartige Ergebnisse in Ihrer Mentalität spüren werden.

Atmen Sie weiter ... sagen Sie: "Ich werde heilen, die Angst wird mein Leben verlassen, so wie es gekommen ist ... ich bin glücklich ... atmen und inhalieren Sie mit diesem mentalen Bild, dass Sie glücklich sind, dass Sie bereits geheilt sind.

Es ist wichtig, dass Sie mit jedem Atemzug diesen positiven Satz wiederholen ... Sie müssen die Szene beim Ausatmen in Ihrem Geist zeichnen ... es kann jeder Satz sein, solange er positiv ist. Ich empfehle, diese Technik einmal täglich für mindestens 20 Minuten durchzuführen. Sie werden großartige Ergebnisse feststellen, wenn Sie es im Glauben tun, dass Sie von Ihren ängstlichen Bildern heilen können. Es gibt nichts Mächtigeres als einen Geist, der bereit ist, Ihre mentalen Muster mit Positivität zu verändern.

Achtsamkeit

Grundsätzlich besteht diese Technik darin, die Fähigkeit zu haben, den gegenwärtigen Moment sowohl innerlich als auch äußerlich zu fühlen, während all diese vergangenen Ängste, Schuldgefühle, Schuldgefühle, Urteile und negativen Gedanken kanalisiert und nicht beachtet werden. Es kann für alles verwendet werden, sogar für Angst, tatsächlich ist die Philosophie von Achtsamkeit , dass es eine Lebensweise ist.

Ich möchte, dass Sie diese Übung machen:

Finden Sie einen friedlichen Ort in Ihrem Haus ... das Ideal wäre, es in der Nähe eines Flusses, im Meer oder umgeben von Bäumen zu praktizieren, um alle Reize für Ihren Geist zu verstärken.

Positionieren Sie Ihren Körper entspannt, ohne sich hinzulegen.

Du kannst sie mit offenen Augen machen, aber es ist ratsam, sie geschlossen zu halten, da du tiefer in die Emotionen eindringst. Jetzt möchte ich, dass Sie sich jetzt darauf konzentrieren, etwas mit Ihrem Geist zu erschaffen, es kann ein einzelner positiver Gedanke sein, ein Objekt, das Sie lieben, ein Satz, den Sie anbeten, oder ein Ort ... konzentrieren Sie sich auf das, was Sie wählen ... konzentrieren Sie sich, Don Denken Sie nicht einfach, konzentrieren Sie sich und spüren Sie den Frieden, der Sie allmählich zu einem tieferen und tieferen Geisteszustand führt ... konzentrieren Sie sich auf das, was Sie wählen ... erfinden Sie keine Geschichte, konzentrieren Sie sich nur darauf, auf einen Gedanken, ein Objekt ... .in deinem Geist verschleiert. Wenn Gedanken auftauchen, lassen Sie sie fließen, aber machen

Sie sich keine Sorgen, sie werden nur verblassen ... achten Sie einfach auf das Objekt oder den Satz, den Sie gewählt haben.

Es gibt viele Übungen zu lernen, aber wenn Sie Angst haben und sie schnell beruhigen müssen, versichere ich Ihnen, dass diese grundlegende Achtsamkeitsübung Ihnen helfen wird, sie in wenigen Minuten zu erreichen. Sie müssen es mindestens zweimal täglich für mindestens 10 Minuten tun. Sie werden feststellen, dass, sobald Sie es in der Tiefe Ihrer Konzentration gemeistert haben, die ängstliche Symptomatologie abnehmen wird, bis sie verschwindet.

Meditation

Um diese Übung durchzuführen, setzen Sie sich einfach bequem hin. Schließe deine Augen, konzentriere dich nur darauf, ein Mantra zu sagen, das heißt, in diesem Fall einen kraftvollen Satz, du wirst sagen: Ich habe keine Angst, ich bin im Frieden ... Ich liebe mich sehr, ich bin gesund ...

Legen Sie Ihre Hand auf Ihren Bauch, während Sie Ihren eigenen Atem kanalisieren, und wiederholen Sie die bereits erwähnten Sätze, wiederholen Sie sie ... wiederholen Sie auf diese Weise idealerweise mindestens 2 Tage hintereinander die Sätze, die Sie für am positivsten halten Sie werden ein mentales Muster schaffen, das nach und nach all die Negativität beseitigt, die Sie sich aufgrund von Angstbildern über lange Zeit auferlegt haben. Alles, was in unser Bewusstsein eindringt, geht an das Unterbewusstsein, also werden wir uns wieder darauf konzentrieren, unseren Geist wieder in Topform zu bringen, wenn wir mehr dieser Übungen machen.

Wenn Sie auf jeden Fall eine Flut von Gedanken verspüren, versuchen Sie nicht, sie zu verwerfen, lassen Sie sie fließen, aber konzentrieren Sie sich nicht darauf, es ist einfach, geben Sie ihnen einfach keine Bedeutung. Sie werden alleine gehen. Konzentrieren Sie sich weiterhin darauf, einfach Ihre Augen geschlossen zu halten, natürlich zu atmen und die kraftvollen Sätze oder Mantras zu sagen: Ich bin glücklich, ich fühle mich gesund, ich fühle vollkommenen Frieden ... achten Sie auf Ihre Atmung ... jetzt, wo Sie die Übung halbwegs durch sind du wirst nichts mehr sagen. Anstatt sie zu sagen, sagst du sie mit deinem Verstand und konzentrierst dich auf deine Atmung. Ich möchte, dass Sie beim Ein- und Ausatmen darauf achten, wie Ihre Energie fließt, wenn Sie einatmen und wenn Sie sie freisetzen.

Wenn jemand aufgrund des damit verbundenen Stresses Angst hat, atmen wir normalerweise mit dem oberen Teil unserer Lunge. Um dieses lästige Gefühl zu verringern, machen wir also die folgende Übung:

Setzen Sie sich in einen bequemen Stuhl, legen Sie Ihre Hand auf Ihren Bauch und mit der rechten auf Ihre Brust...

Atmen Sie 5 Sekunden lang sehr, sehr langsam durch die Nase, so dass sich Ihre rechte Hand auf Ihrer Brust durch die eingeatmete Luft ein wenig zu heben beginnt ... halten Sie nun diesen Sauerstoff 5 Sekunden lang an ... und atmen Sie dann durch den Mund aus Versuchen Sie für weitere 5 Sekunden, so viel Luft wie möglich herauszubekommen, während Sie Ihren Bauch fest zusammendrücken. Wenn Ihnen die Sekunden zunächst nicht angenehm sind, können Sie in Ihrem eigenen Tempo beginnen. Ideal ist es, 15 Sekunden lang langsam einzuatmen und 15 Sekunden lang zu halten und dann 15 Sekunden lang auszuatmen. Übung ist der Schlüssel, und diese Technik ist äußerst effektiv bei Panikattacken.

Jetzt werden wir eine weitere wichtige Übung machen, sicherlich sollte beachtet werden, dass nicht alle Menschen großartige Ergebnisse erzielen können, aber es gibt einen hohen Prozentsatz, der mit dieser Meditationstechnik großartige Ergebnisse erzielt.

Geführte Imagination: Es besteht darin, sich eine Landschaft oder Szene vorzustellen, in der Sie sich lebhaft spüren, dass Sie dort sind, offensichtlich mit dem Ziel, sich von all diesen unangenehmen Empfindungen zu entspannen. Es ist eine der besten Techniken zur Unterstützung kognitiver Therapien, die gegen Depressionen und Ängste durchgeführt werden. Ich möchte, dass du es jeden Tag machst. Tun Sie es mit dem ganzen Glauben, dass Sie heilen werden ... Ich möchte, dass Sie es so real wie möglich machen.

Finden Sie genau wie die vorherigen den besten Ort, an dem Sie Ruhe, Harmonie und Komfort haben können. Schließen Sie die Augen und stellen Sie sich den schönsten, ruhigsten und friedlichsten Ort der Welt vor. Stellen Sie es sich so realistisch vor, wie es Ihre Vorstellungskraft zulässt, es ist möglich ...!

Fühlen Sie sich, als ob an diesem Ort alle Ihre Sinne hundertprozentig arbeiten ... Sie können die Schönheit des Ortes sehen, Sie können die warme Luft spüren, die sich auf Ihrem Gesicht anfühlt. Sie können die kostbare Vegetation um Sie herum riechen, dem Gesang der schönen Vögel und einigen anderen Tiergeräuschen lauschen, während Sie in der Ferne riesige Weizenfelder sehen, während der Sonnenuntergang Sie in Erstaunen versetzt ... Sie fühlen und nehmen Texturen und Farben wahr , duftet, während du eine Haselnussblüte in die Hand nimmst.

Halten Sie die Augen geschlossen, es ist Zeit, durch diesen wunderbaren Ort zu gehen ... stellen Sie sich vor, Sie beginnen zu gehen und all diese Empfindungen zu spüren ... so wie der Ort wunderbar und friedlich ist , sind Sie gleichermaßen im Frieden und in Harmonie mit sich selbst ... ... an dir ist nichts falsch, an dir ist schlecht, da ist keine Angst: nichts, nur Glück und Frieden ....

Gehen Sie so weiter und spüren Sie all die Empfindungen, die Ihre Sinne Ihnen geben können, und lassen Sie alle Sorgen, negativen Gedanken oder Ängste fließen Nach der Rückkehr wird jede Angst, die Sie haben, unglaublich abnehmen.

Heilmittel gegen Angst

Obwohl natürliche Heilmittel keine Heilmittel gegen Angstzustände sind, können sie uns beim Entspannen und Schlafen sehr helfen. Diese Mittel sind sehr nützlich, natürlich solange sie von allem begleitet werden, was wir in den vorherigen Abschnitten erwähnt haben. Und natürlich mit Psychotherapien oder nach fachärztlicher Verordnung.

Wenn Sie auf chemikalienhaltige Medikamente verzichten und ebenso wirksame natürliche Heilmittel wünschen, finden Sie hier eine Liste, die Ihnen helfen könnte:

Baldrianaufgüsse

Diese Pflanze wird seit Tausenden von Jahren für viele Arten von Beschwerden verwendet und vor einigen Jahren wurde sie sogar von konventionellen Kinderärzten verschrieben. Jüngste Studien haben gezeigt, dass Baldrianwurzel und -blätter eine direkte Wirkung auf **Gaba- Neurotransmitter haben** , die die wichtigsten hemmenden Neurotransmitter sind, das heißt, sie induzieren, dass Stress und Angst abgebaut werden.

Die empfohlene Dosis beträgt zwei Beutel in einer Infusion 1 Stunde vor dem Schlafengehen.

Aufgüsse aus grünem Tee

Trotz der Tatsache, dass dieses Kraut aufgrund seiner Wirkstoffe ziemlich anregend ist, haben Studien auch gezeigt, dass es aufgrund des Theanins , das für die Muskel- und Gehirnentspannung verantwortlich ist, große Vorteile bei Angstzuständen hat. Zusätzlich zur Unterstützung von

Tachykardie und Blutdruck, ideal für Menschen, die nachts unter Panikattacken leiden.

Empfohlene Dosis : 1 Beutel 30 Minuten vor dem Schlafengehen infundieren. Oder in Ihrem Fall 100 Milligramm L- Theanin -Ergänzung . Glücklicherweise enthalten sie keine Nebenwirkungen.

Zitronenmelisse

Es wird seit mehr als 500 Jahren bei Schlaflosigkeit, Angstzuständen und nervösen Störungen eingesetzt. Es hat entspannende Eigenschaften, die schnell wirken. Die empfohlene Dosis ist eine Infusion, wenn es sich um mäßige Angstzustände handelt. Mehr als 2 Aufgüsse sollten Sie nicht zu sich nehmen, da es vor allem nachts sehr anregend ist.

Süßholzwurzel

Eines der besten Mittel, um unseren Körper in Stresssituationen zu beruhigen, zusätzlich zu seinen starken Eigenschaften zur Regulierung des Blutzuckerspiegels. Zusätzlich zur Stimulierung der kranialen und zerebrospinalen Zone gibt es nach einigen Minuten des Konsums automatisch mentale und muskuläre Ruhe. Die empfohlene Dosis beträgt 100 Milligramm gekochte Wurzel pro 2 Tassen Wasser. Konsumieren Sie nur, wenn ängstliche Bilder auftauchen.

kava

Es wird gegen Nervosität und Schlaflosigkeit eingesetzt und ist ideal für Menschen, die unter allgemeiner Angst leiden. Seine Wirksamkeit ist bereits wissenschaftlich bestätigt.

Empfohlene Dosis: zwei Aufgüsse abends, insbesondere 40 Minuten vor dem Schlafengehen.

Linde

Lindentee ist einer der am häufigsten konsumierten Extrakte für Angst und Angstbilder . Obwohl nicht so stark wie Baldrian, kann es in Kombination äußerst effektiv sein. Die Dosis beträgt 3 Beutel nur, wenn Sie Probleme haben, sich vor dem Schlafengehen oder am Nachmittag zu entspannen.

Passionsblume

Dieser Aufguss wirkt angstlösend und wirkt beruhigend und entspannend, der von der Passionsblume ausgeht . Es wurde vor Hunderten von Jahren vom Azteken- und Maya-Reich wegen seiner starken analgetischen und beruhigenden Wirkung in Stresssituationen verwendet. Es wird auch bei mittelschwerer Depression eingesetzt, weil es Gefühle von Euphorie und Lebendigkeit hervorruft. Ebenso wird es weltweit in FKK-Zentren als Verbündeter gegen Schlaflosigkeit, Angstzustände und Tachykardie eingesetzt. Die ideale Dosis ist eine Infusion, wenn Sie die Symptome zeigen.

Schädeldecke

Helmkraut ist eine sehr wirksame Pflanze für Menschen, die unter Angst und Nervosität leiden, begleitet von Muskelverspannungen. Es kann als Tee eingenommen werden. Die Dosis 2 Beutel in Infusion. Du findest es in Reformhäusern.

Kamille

Kamille ist ein weit verbreiteter Aufguss, der nicht nur positive Eigenschaften für die Verdauung hat. Diese Pflanze hat angstlösende Eigenschaften und hilft, Nervosität zu bekämpfen und zu reduzieren, zumindest zeigt das eine Studie der Universität Oxford, die 2014 mit 6.500 Freiwilligen durchgeführt wurde.

Hypericum

Diese Pflanze hat große Vorteile , hauptsächlich um Neurotransmitter auszugleichen, was sich direkt auf unsere Stimmung auswirkt. Die ideale Dosis sind zwei Aufgüsse vor dem Schlafengehen.

arktische Wurzel

Diese Pflanze begünstigt die Steigerung der Aktivität von Serotonin, Noradrenalin und Dopamin, den Neurotransmittern des Glücks, sodass Sie unmittelbar nach der Einnahme des Aufgusses eine unvergleichliche Entspannung und ein unvergleichliches Wohlbefinden verspüren.

Hüpfen

Es hat einen bitteren Geschmack und ist bekannt für seine Wirksamkeit bei der Behandlung von Angstzuständen, Nervosität, Stress und Schlaflosigkeit. Es wird auf der ganzen Welt verwendet und hat keine besorgniserregenden Nebenwirkungen, aber es wird nur empfohlen, es zu konsumieren, wenn Sie unter Angstzuständen leiden. Die Dosis nur zwei Infusionen.

Ashwagandha- Tee : Es hat einen sehr angenehmen Geschmack und bekämpft direkt Angstsymptome, zwei bis drei Beutel pro Tag, wenn Sie unter chronischer Angst leiden. Es bringt Entspannung innerhalb von 30 Minuten nach dem Verzehr.

Luisa-Gras : Ideal für psychisch depressive Menschen, es hilft, mäßige Nerven zu beruhigen. Die verwendete Dosis beträgt normalerweise zwei Beutel vor dem Schlafengehen. Es ist nicht ratsam für schwangere oder stillende Frauen.

Tipps , die Ihnen helfen können, sich Ihren Ängsten zu stellen und sie zu überwinden

Nicht vor Ängsten davonlaufen: Um nicht alles zu sagen, aber die meisten Menschen, die regelmäßig unter Ängsten leiden, versuchen sich immer abzulenken, um sich nicht auf das Problem zu konzentrieren, meistens leider nur vorübergehend. Glücklicherweise, und es ist die beste Methode, dies zu erreichen, wenn wir, anstatt vor unseren Ängsten wegzulaufen, sie täglich 10 Minuten lang konfrontieren, nach und nach ein neues Gehirnmuster schaffen und aufhören, es zu fürchten, offensichtlich gibt es Tausende davon Befürchtungen, aber im Allgemeinen funktioniert es fast für alle. Wenn Sie zum Beispiel an sozialer Phobie leiden, ist der beste Weg, diese Angst zu überwinden, sich Situationen mit Menschen auszusetzen. Belichtung ist die effektivste Methode, und ja! Es wiederholt sich, aber es gibt keine Magie, um aus einer Angst herauszukommen, wenn wir sie nicht direkt konfrontieren. Die meisten Psychotherapeuten verwenden Konfrontationstherapien zur Behandlung von Phobien ...

Setzen Sie sich dieser Angst mindestens 10 Minuten am Tag aus, wo immer sie ihren Ursprung hat: Gedanke, Tier, Situation, und Sie werden sehen, dass Sie sich nach und nach davon befreien können. Nichts wird dir passieren, wenn du dich bloßstellst. Es ist unser Verstand, der uns falsch glauben lässt. Uns sollte es auch egal sein, was sie sagen, vielleicht denken Sie ja, aber es ist ein schreckliches Gefühl, sich zu entblößen und ... Wenn ich verstehe, gehe ich genauso vor ... aber glauben Sie mir, sobald Sie sich Tag entblößen Tag für Tag wird dieses Gefühl nach und nach verblassen, und wenn Sie es am wenigsten erwarten, werden Sie sagen: dass alles, was Sie vor einem Monat, zwei Monaten, vier und acht Monaten gefühlt haben, äußerst lächerlich und unlogisch war. Trauen Sie sich!

Unseren Ängsten einen liebevollen Namen geben: Allen Ängsten, die wir haben, einen Namen zu geben, kann uns helfen, sie nicht mehr als gefährlich anzusehen, und wir werden anfangen, sie zu akzeptieren, und das ist der erste Schritt, um sie zu besiegen.

mit ihnen anzufreunden : Am Anfang ist es schwierig, aber sie als Freunde und nicht als Bedrohung zu sehen, ist wichtig, um die Kontrolle über uns selbst zu übernehmen. Zum Beispiel hatte ich Angst, dass die Nacht kommen würde, aus Angst, nicht schlafen zu können, nun, ich habe Jahre so verbracht, bis ich anfing, dies zu verwenden: zuerst habe ich diese Angst offengelegt, dann habe ich ihr einen freundlichen Namen gegeben und sie dann gemacht mein freund... nach und nach verlor ich diese angst bis zu dem punkt, dass ich jetzt auf die vergangenheit schaue und lache, offensichtlich lebt jeder seine angst anders, und wenn sie in ihrem moment sind, sieht man sie nicht an so wie das. Aber wenn Sie es anwenden, könnte es für Sie erstaunlich funktionieren.

Teilen Sie Ihre Ängste: Als wir Kinder waren, haben wir Papa unsere Ängste erzählt und irgendwie fühlten wir uns ruhiger. Genau wie zuvor können Sie es mit jemandem tun, der Ihnen zuhört und dem Sie vertrauen. Es ist wichtig, dass Sie zu einem gleichberechtigten Psychologen gehen, um Ihre Ängste zu behandeln, wenn Sie dies wünschen.

Angst bleiben lassen: Wenn diese Technik angewendet wird, ist es auf jeden Fall so einfach, dass unsere Ängste bleiben, im Gegensatz zum Gegenteil; Sie gehen. Damit diese Methode funktioniert, ist es wichtig, dass wir uns, wenn wir plötzlich Angst verspüren, darauf konzentrieren, genau das zu tun, diese Angst so weit wie möglich beizubehalten, insbesondere bei Panikattacken, und wenn Sie es am wenigsten erwarten, wird sie verschwinden.

Die Essenz dieses Buches liegt darin, synthetisierte Informationen über die Angst vor Ihrem Problem und eine rechtzeitige Erklärung zu geben. Basierend auf diesen Informationen und je nachdem, wie die Angst bei Ihnen angekommen ist oder sich entwickelt, sollten Sie analysieren, ob Sie die im Buch genannten Richtlinien befolgen oder einen Spezialisten aufsuchen sollten. Abgesehen davon, dass das Buch einen Mehrwert bieten und Ihnen ein besseres Gefühl geben kann, empfehle ich Ihnen, so schnell wie möglich zu einem zertifizierten Spezialisten zu gehen.

Die in diesem Leitfaden erwähnten Techniken und Methoden haben eine nachgewiesene wissenschaftliche Grundlage. Wenn dieses Buch Ihnen geholfen hat, auch nur eine leichte Verbesserung zu spüren, ist die Arbeit erledigt und das Verdienst liegt ganz bei Ihnen. Denken Sie daran, dass es keine Magie gibt, um Angst von einem Tag auf den anderen zu beseitigen, aber Sie können sie loswerden, wenn Sie alles auf Ihre Seite legen.

Ich weiß, dass es schwierig ist, alles, was in diesem Leitfaden erwähnt wird, in die Praxis umzusetzen, aber glauben Sie mir, wenn Sie es versuchen; Ich weiß, dass es Ihnen sehr helfen kann, weil ich selbst alles ausprobiert habe, was hier verkörpert ist, und sie haben mir erstaunliche Ergebnisse gebracht. Aber unabhängig von diesem Buch, ich wiederhole es noch einmal, ist es äußerst wichtig, dass Sie eine Diagnose erhalten, um den Ursprung Ihrer Erkrankung effektiv und eindeutig zu bestimmen, und auf diese Weise wird es einfacher sein, die richtige Behandlung für Sie zu finden. Ich hoffe, dass dieses Handbuch zu gegebener Zeit eine große Hilfe ist und Sie sich von diesem als Monster verkleideten Kätzchen erholen. Vielen Dank.